등 굽은 소나무

등 굽은 소나무

박주영 시집

제1부

제2부

제3부

제4부

발문

회귀성과 일탈

표 성 흠 (시인)

1.

시는 생활의 소산이다.

생활은 인간의 활동을 촉구하고 그 가장 작은 활동무대로 가정이 있다. 누구나 이 가정에서의 자기 배역을 감당하지 않을 수 없다. 여럿이 함께하든 혼자서 원맨쇼를 하든 간에 살아 있는 사람은 매일 매순간 자기 역할을 소화해내지 않으면 안 된다. 그게 삶이다.

현대인들은 바로 이 삶을 위해 먹고 자고 일한다. 이 일을 위해 때로는 가족을 떠날 수밖에 없는 환경에 처한다. 요즘은 직장이나 학교공부를 위하여 부득이 헤어져 살아야 하는 가족들이 많다. 흔히 말하는 기러기 가족이나 주말 부부가 이에 속한다. 박주영의 시는 이런 현실적 삶에서부터 비롯된다.

개헤엄 등헤엄
오백 리를 떠내려간 아기 고기
둥둥 사지를 바동거리며
친구 없는 도시 지붕에
둥그렇게 얹혀
물 버들
물잠자리 물장구
새박실 모래박실
그리워

하류 퇴적층
짠물에
쓰라린 상처
대양大洋으로 나가지 못하고
시골로 되돌아온 못난 고기
작은 개울가
외지인의 천렵에
청정수를 떠야 하는

—〈등 굽은 소나무〉 전문

표제작 〈등 굽은 소나무〉다.

이 시는 시집 전체 작품을 관류하는 회귀성과 일탈에 대한 꿈을 내보인다.

'개헤엄 등헤엄' 까지 쳐가며 다른 그 어떤 누구보다 더 멀리 내려가 바닷물 짠맛까지 보고 돌아온 아기 고기가 새삼스럽게 인식한 것은 무엇일까. '사지를 바동거리며' 짠물이 있는 곳까지 갔었지만 '물 버들' 이 있는 '새박실 모래박실' 을 잊지 못하는 고향에 대한 그리움이다. 회귀성이다.

아직도 고향을 지키고 서 있는 개울가 등 굽은 소나무는 왁자지껄하게 천렵을 즐기는 외지인들에게 '모래박실' 아래 고이 간직했던 샘물을 퍼내 주지만, 그걸 떠다 바친다는 생각보다는 더불어 함께하는 인정으로 풀이한다. 사랑이다.

우리네 농촌풍경을 그대로 그린 한 폭의 수채화다.

시인은 이런 시골에 뿌리를 박고 친구 하나 없는 '도시 지붕' 에 걸려 있는 희멀건 낮달처럼 옥탑 방을 기어나는 샐러리맨 생활을 하고 있다.

매일 아침
거울 앞에서
면도질을 하는 것은
어젯밤의 찌꺼기들
소화되지 못한 것들
비누칠한다

…… (중략) ……

외모가 사람의 인상을
좌우하는 시대
동그란 얼굴에
동그란 눈
동그란 목구멍
동그란 코 입 턱
오늘 하루도
굴러가기 위하여

—〈샐러리맨의 턱수염에 대하여〉 일부

아침마다 면도를 하고 로션을 바르고 넥타이를 매야만 밖으로 나갈 수 있는 한결같은 인간 군상들. '오늘 하루도 굴러가기 위하여' 매일 아침 면도를 해야 하는 사람은 그래도 행복한 사람들이다. 일터가 있다는 것은 얼마나 다행한가?

노숙자가 되지 않기 위해 턱수염을 미는 각박한 세상이지만 그래도 할만 하지 않은가? '하루 종일 사무실에서 부대끼다/ 삼삼오오 식사를 하러 와서는/ 바다를 이야기' 하는 술자리가 행복한 게 소시민들이다.

오늘날 현대인들은 크지 않은 이 행복을 꿈꾸며 산다.

우리들의 술잔에

한 방울 바닷물이 떨어진다
좁은 바다에 갇혀
넓은 바다 이야기를 잊어버린 샐러리맨들
작은 배와 큰 배
잔과 잔에
작은 파도가 출렁인다

—〈샐러리맨이 횟집에 가는 이유〉 일부

누구나 이 대열에 끼지 못하면 낙오된다. 기러기 떼처럼 앞서거니 뒤서거니 대오를 맞춰 날지 않으면 생존할 수 없다. 현대사회는 혼자 살 수 없는 복잡한 양상을 띠고 있다. 때문에 좋건 싫건 서로의 술잔을 부딪치며 바다를 이야기한다.

이게 바로 현대인들의 생활특성이다.

산업사회에서는 농촌에 뿌리를 두고 도시로 나간 사람들이 많았다. 따라서 이농문제나 도농 간의 문제가 시적 대상이 되었었다. 정보화 디지털 시대인 지금은 도-농 문제는 물론 도시에서 도시로의 이동 혹은 국가와 국가 간의 이동 혹은 우주로의 이주문제까지도 문학의 대상이 되었다.

이런 복잡한 시대에 술잔 속에서 쨍하고 흔들리는 파도를 느끼는 감수성 예민한 시인은 어떠한가?

화 · 수 · 목 · 금 · 토
혼자 가는 우주여행이니

월로 가는 비행이 즐거울 수는 없지

주말이 끝나는 일요일엔
월로 가는 우주선을 타야 하는 거야

—〈우주여행〉 일부

주 단위로 살아가는 주말부부에겐 주말이 우주여행 시간이다. 혼자서 하는 우주여행이란 어떤 것인가? '느긋한 마음으로 일요일 저녁에 기대어 서서/ 태양이 넘어가는 세상을 구경하는 거야/ 다가올 월요일 아침엔/ 즐길 수 없을 테니' 지는 해를 바라보는 정도로 자족할 수 있다면 얼마나 행복할까? 월요일 아침이면 또 다시 일상으로 돌아가 '월로 가는 우주선' 을 타야하는 주말 부부에게 있어 주말이란 금싸라기 같은 시간이다.

한 주가 시작되는 월요일이면 쳇바퀴 돌 듯 일상으로 되돌아가 업무를 봐야 한다. 이 일로부터 자유로운 사람은 없다. 인간은 에덴동산을 쫓겨날 때부터 노동의 대가르 먹고살게 돼 있다. 원초적 운명이다.

주말이 왜 이토록 기다려지는가?

아홉 살 초등학생
딸아이가 그린
아빠의 뒷모습.

주말이면
짜증난 얼굴로
화난 모습으로
멀어지는
아홉 살 딸아이의
가족 그림에
아빠의 얼굴은 어디에도 없더란다

아빠는 네 모습을
밤마다 그린단다
코를 그리고 눈을 그리고
입을 그린단다
고단한
꿈속

주말엔 동화책 한 권
환한 얼굴을

—〈아빠의 눈물〉 전문

가족들 때문이다.

한 지붕 한솥밥을 먹는 가족들은 행복하다.

주말마다 만나 잠시 행복을 나누다가 주초가 시작되면 다시 떠나가야 하는 가족의 생이별은 눈물이다. 이 눈물을 일컬어

기러기 눈물이라고 하는 이들이 있다. '기러기 울어 예는 가을 밤 하늘'의 눈물이 아니라 생계형 아빠의 는물이다. 주 단위 눈물을 흘려야 겨우 월 단위 계산이 나온다. 서글픈 현실이다. 원초적 원죄를 원망하고 싶은 대목이다.

이게 현대인들의 삶의 방식이요 생활구조다.

박주영의 시 속에서 '시는 생활의 소산'임을 생각하게 하는 서사구조는 얼마든지 더 있다. 아마 이 시집의 대부분이 이 생활 속에서 우러나오는 이야기들이 아닌가 한다. 자기 구원이며 카타르시스다.

2.

시는, 슬픔이든 기쁨이든 혹은 사랑이든 미움이든, 시는 시이어야 한다.

무슨 말인가? 시는 언어예술이라는 근원적 이야기다.

언어예술은 압축 절제된 표현 형식과 상징성을 요한다.

이 상징성이란 게 문제다. 1차적 기능인 자기 카타르시스 외에도 타인을 향한 메시지가 전달되어야 한다는 뜻이다. 시의 1차적 기능은 자기만족이다. 그러나 이 1차적 엑스터시가 독자에 전달되어 함께 취할 수 있는 2차적 기능이 시의 궁극적 목표가 되어야 한다. 이게 현대시의 어려움이다.

소통이 필요하다.

시인이 생각했던 것을 독자도 함께 느끼도록 하자는 것이다.

시는 일방통행 아닌 쌍방통행이어야 한다. 거울에 얼굴을 비췄을 때 그 모양새가 되비쳐 보이듯 내가 볼 수 없는 그 어떤 것을 스스로 볼 수 있도록 반사시켜 주는 역할이 시의 2차적 기능이다. 그런데 그 보이는 것이 아름다워야 한다는 데 문제가 있다.

아름답다는 말에 여러 가지 의미가 내포된다.

니농 드 랑크로는 '미는 예술의 궁극적 원리이며 최고의 목적'이라 하였고, 칸트는 '미와 슬픔은 언제나 붙어 다닌다'라 하였다. 칸트의 미학 중에 시인이 즐겨 다루는 미의 근본은 이 슬픔이다.

슬픔의 미학! 이게 대체 무언가?

강은 바다로 간다.
육지의 내음을 모두 싣고서
하수구 밑의 더러움을 떨기 위해
때 묻은 도시의 땟국들의 마음을
잊어버리기 위해
강은 바다로 간다.

아 영원히 돌아올 수 없는 나의 조상들의 길을
따라서 가는가 보다.
양지바른 곳에 외로이 누워 있는
묵은 햇살과 깜깜한 밤하늘에 죽은 듯이

흐르는 모습은 땅이 싫어서 떠난
우리 영혼이다.

한번 빠지면 다시는 돌아서지 못하고
세월의 무게로 골인하는 네 모습에
울음이 나온다.

—〈강〉 전문

강은 바다로 흘러가 다시 돌아오지 않는다. '영원히 돌아올 수 없는 나의 조상들의 길' 로 가는 것이다. '한번 빠지면 다시 돌아서지 못하는' 것, 다시 말하자면 '우리 영혼' 이다. 이 죽음의 강을 거슬러 올라올 자는 없다.

1장의 표제작 〈등 굽은 소나무〉에서 나타나는 강물과는 전혀 다른 강이다. 1장의 강물이 개인적 체험의 소산이라면 2장의 이 강은 모든 질곡의 세월을 벗어난 영원의 세계를 노래하는, 차원 높은 영원의 세계를 이야기하고 있다. 이게 2차적인 시다. 내 개인의 노래가 아닌 만인의 노래다.

이 슬픔을 노래하는 것이 쌍방 소통의 시가 되는 것이다.

겨울 산에 갔었다.
눈이 내려
등고선마다 잔설이 푸르른데
산이 옷을 벗었다.

'겨울엔 산이
옷을 벗는구나'

부끄러운 곳을 가리는
옷
아랫도리 윗도리
속옷
벗어던지고 살 수는 없을까?

호젓한 오솔길
겨울나무 숲 속
너와 함께

—〈겨울산〉 전문

시인의 꿈은 아주 소박하다. 훨훨 벗어던지고 사는 겨울 산처럼 일체를 벗어던지고 살고 싶은 것이다. 일체 속박으로부터 벗어나 자유롭게 살고 싶은 것이다. 일탈이다. 거기 네가 함께 있으면 더욱 행복하다. 사랑이다. 일탈과 사랑을 꿈꾸고 노래하는 시다. 자연과의 합일이다.

얼른 보면 소박하고 평범한 것 같지만 이처럼 어려운 일은 없다. '호젓한 오솔길/ 겨울나무 숲 속' 을 '너와 함께' 걷자면, 그렇게 자유롭게 살자면 옛 성현들의 말대로 '나물 먹고 물 마시고 곡굉이 침지' 하는 생활 속에서도 여유를 가져야 하는 마음

작정이 필요하다. 요즘 말로 고쳐한다면 '먹고 싶으면 먹고, 자고 싶으면 자는' 풍요를 가져야 하는 일인데, 소시민적인 사고방식으로서는 어려운 일이다.

아무도 겨울 산처럼은 살 수 없는 현실이다.

그렇다고 갈망조차 할 수 없단 말인가.

시인은 꿈꾸는 존재다. 푸시킨의 말대로 '생활이 그대를 속일지라도' 속이면 속일수록 시는 확 트여야 한다. 독자는 시인의 일상사 애환이나 슬픈 속박 따위를 읽고 싶은 게 아니라 일탈한 꿈을 기대하기 때문이다.

시인은 일탈의 꿈을 전달하는 전령사이기도 하다.

> 다리가 있다
> 물이 흐르고 있다
> 다리와 다리를 잇는 언덕과 언덕 사이로
>
> 좁으면 좁은 대로 넓으면 넓은 대로
> 흐르는 물과 물
>
> 떨림과 떨림으로
> 속곳을 벗어던지고
>
> 버들강아지
> 다리를 들어 올리고 있다. —〈버들강아지〉 전문

다리와 다리 사이에서 다리를 들어 올리고 있는 버들강아지, 흐르는 물과 물 사이에서 다리를 들어 올리는 버들강아지, 언덕과 언덕 사이에서 다리를 들어 올리는 버들강아지…… 이 절묘한 '다리'와 '언덕'과 '물'의 이중적 상징성…… 이게 바로 시요 언어의 마술이다. 그러할 때 도처에 '속곳을 벗어던지는' 버들강아지의 '떨림'과 '벗어던짐'의 실체가 살아나게 된다.

봄이다.

드디어 봄이다.

봄기운이 온몸을 감싼다. 이 엑스터시를 느끼지 못한다면 아직 시 읽기가 미숙하다 할 것이다. 독자가 그 책임을 질 수밖에 없다.

물 흐르듯 흐르는 리듬과 이중삼중 서로 감싸 안고 있는 언어와 언어의 상징성이 이 시를 더욱 시답게 만든다. 이 묘미로 시를 쓰고 시를 읽는 것이다. '좁으면 좁은 대로 넓으면 넓은 대로'에 이르면 맹자의 관수법을 연상케 한다. 물은 낮은 데로 흘러 모자라는 부분부터 빈틈없이 채우고 차츰 위로 올라와 그 그득함을 이루게 한다. 물은 낮은 곳으로 흐르며 물길을 내고 자유자재로 길을 트는 심성을 가졌다. 모름지기 물의 속성을 배울 일이다.

흐르는 물과 물 사이, 소통 뒤에 드디어 다리를 들어올리는 버들강아지는 자연의 충만한 섭리를 떠올리게 한다. 모든 것을 믿고 벗어던진 다음 몸을 허락하는 물 흐름에서 봄의 기운을 얻고 이 가운데서 삶의 활기를 얻는 버들강아지의 작은 꽃술에서 독자는 자연의 순리와 인생의 기쁨을 맛본다.

제1장 '등 굽은 소나무'의 버들강아지와 제2장의 '버들강아지'는 서로 상통한다. 무엇이 상통하는가? 한 권의 시집을 읽으려면 이 상관관계를 찾아낼 줄 알아야 한다. 그게 시집 읽기의 참 즐거움일 것이다.

시는 어려운 것이 아니다.

어렵게 쓰는 것도 어렵게 읽는 것도 아니다.

그저 직관적으로 쓰고 직감적으로 읽으면 된다.

박주영의 시는 어렵지 않다.

생활을 이야기하고 자연을 노래한다. 다만 제2장에서 거론한 2차적인 시보다는 1장에서 말한 1차적 생활시가 주를 이룬다는 점이 아쉬움으로 남는다. 이제 첫 시집이니만큼 날이 갈수록 시야를 더 넓혀 보다 높고 먼 곳을 바라보는 시를 쓰기를 바란다.

—2009년 8월 풀과나무의집에서

제1부

등 굽은 소나무

개헤험 등헤엄
오백 리를 떠내려간 아기 고기
둥둥 사지를 바동거리며
친구 없는 도시지붕에
둥그렇게 얹혀
물 버들
물잠자리 물장구
새박실 모래박실
그리워

하류 퇴적층
짠물에
쓰라린 상처
대양大洋으로 나가지 못하고
시골로 되돌아온 못난 고기
작은 개울가
외지인의 천렵에
청정수를 떠야 하는

겨울 산

겨울 산에 갔었다.
눈이 내려
등고선마다 잔설이 푸르른데
산이 옷을 벗었다.
'겨울엔 산이
옷을 벗는구나'

부끄러운 곳을 가리는
옷
아랫도리 윗도리
속옷
벗어던지고 살 수는 없을까?

호젓한 오솔길
겨울나무 숲 속
너와 함께

박씨의 아파트

키가 여러 개인 박씨
하루의 일과를 마치고 아파트로 들어간다

벨을 눌러도 대답이 없다
키를 아파트 문구멍에 갖다 댄다

키를 작동하자
아파트 문이 열렸다

그를 기다리는 것은
역시 하루종일 자물통을 지키던 키들

그를 따라 들어서서는
그의 손발과 사고를 묶어 세운다

첫 번째 열쇠로 첫째 방문을
열어젖히고 두 번째 키로 허기를 먹어 치운다

늘 다니는 세 개의 방 이외
주위는 컴컴한 어둠 속에 묻혀 있고

침실 앞에 이른 박씨
마지막 열쇠를 끄집어낸다.

산불감시원

빨간 모자
신분증을 머리에 얹고

96메가헤르츠 무전기를 옆에 차고
연기가 나는 곳은 어디라도 달려가야 하는

산불감시원 정씨의 인건비는
일당 이만 이천 원

산림을
지키는 파수꾼
네 식구의 생계를 걱정해야 하는

그들의 책임과 의무는
등짐펌프보다 무겁다

우주여행

이제 여행을 준비해야 할 시간이야
차표를 팔지 않는다고 걱정할 필요는 없어

느긋한 마음으로 일요일 저녁에 기대어 서서
태양이 넘어가는 세상을 구경하는 거야
다가올 월요일 아침엔
즐길 수 없을테니

화 · 수 · 목 · 금 · 토
혼자 가는 우주여행이니
월로 가는 비행이 즐거울 수는 없지

주말이 끝나는 일요일엔
월로 가는 우주선을 타야 하는 거야

우주 미아가
되지 않기 위해서

감을 따며

한여름 내내
등 비늘 푸르러
마냥 비리던 네 속살
늦가을
붉은 살이 올라
썩은 가지 조심조심
간짓대로 채어

동해 명태도 잘 말리면
강원도 황태 된다고
고운 시설 나면 노는 감도
지리산 곶감
겨울
처마 밑에 서설
녹일

꿀 따는 아침

문 열어
고요한 세상
오월 춘수기
아카시아 꽃향기 가득가득
소비마다
풍년가
쑥 한 줌 넣고
훈연기 뿜는

샐러리맨의 턱수염에 대하여

네모진 얼굴
아침이면 또 하나의 모가 진다
밤새 그의 턱에 붙은
검은 털
어젯밤 삼킨
음식물들

하룻밤 누린
자유
그 존재의 씨를 뿌려 놓았다

매일 아침
거울 앞에서
면도질을 하는 것은
어젯밤의 찌꺼기들
소화되지 못한 것들
비누칠한다

하나의 탄수화물로
한 개의 지방 단백질로

용해되어
잘려나간다

외모가 사람의 인상을
좌우하는 시대
동그란 얼굴에
동그란 눈
동그란 목구멍
동그란 코 입 턱
오늘 하루도
굴러가기 위하여

버들강아지

다리가 있다
물이 흐르고 있다
다리와 다리를 잇는 언덕과 언덕 사이로

좁으면 좁은 대로 넓으면 넓은 대로
흐르는 물과 물

떨림과 떨림으로
속곳을 벗어던지고

버들강아지
다리를 들어 올리고 있다.

강

강은 바다로 간다.
육지의 내음을 모두 싣고서
하수구 밑의 더러움을 떨기 위해
때 묻은 도시의 땟국들의 마음을
잊어버리기 위해
강은 바다로 간다.

아 영원히 돌아올 수 없는 나의 조상들의 길을
따라서 가는가 보다.
양지바른 곳에 외로이 누워 있는
묵은 햇살과 깜깜한 밤하늘에 죽은 듯이
흐르는 모습은 땅이 싫어서 떠난
우리 영혼이다.

한번 빠지면 다시는 돌아서지 못하고
세월의 무게로 골인하는 네 모습에
울음이 나온다.

아기코끼리를 이야기하다

아프리카 초원,
한 마리의 아기코끼리가
사자에게 둘러싸여 있다.

인간들은
자신들의 욕망을 잊어버리고
코끼리를 안타까워한다.

먹이사슬에서 벗어나지 못하고
먹이들로부터 제 몸을 결박당한 채
만물의 영장이라는 사슬에
에워싸여
빠져나오지 못한 채
한 마리의 아기코끼리를 이야기한다.

그들을 포위한
문명의 색소들
그의 잇속을 빨갛게 물들인 썩어 없어지지 않을
방부제들
살육의 기억에서 깨어나지 못한 채

욕망의 아가리를 벌린 사자 떼들

한 마리의 아기코끼리를
이야기한다.

도시의 포도는 아프리카 초원이다

아프리카 초원에 사는
초식동물들은 떼를 지어 산다
건기에는 물을 구하러 초원을 횡단하는 행렬
밝음을 향해 끊임없이 행진하는 그들의
몸짓은 뜨겁다

오와 열은 맞지 않지만
인간들이 사는 도시에도
초록대열은 존재한다
자욱하게 밀리는
도시의 소음을 뚫고 엔진소리를 높이며
육식동물도 없는 풀 한 포기 나지 않은
포도 위

초록 대열에서 이탈되지 않기 위해
초록 빛깔 블로그Blog에 접속하기 위해 이동해야 하는
초록 포유류들
안전사고 돌아볼 사이도 없이
한끼 밥과 한쪽 자유를 얻기 위해 달려야 하는
초록빛 눈동자

도시의 포도는 아프리카 초원이다

푸른 신호등
자동차의 행렬.

문단 나누기

시간을 배달해 주나요?
아니 시간을 배달해 주지 않아요
시간은 배달해 줄 수 있는 것이 아니에요

여기서 문단 나누기
한 번

원고지 칸칸에 글자를 채우듯
당신의 시간표에
시간이라는 음표를 하나씩
얹어주세요

시간은
콩나물 자라듯
물만 먹고 자라지요

여기서 문단 나누기
한 번 더

겨울비 내려

화분을 내어 놓았죠
그들에게 물을 받아먹을 수 있는 시간을 부여했죠

여기서 문단 나누기
셋

도장을 찍는 사람이 되지요

사람들은 누구를 보고
도장 찍는 사람이라고 하고요
사람들은 누구를 보고
도장을 관리하는 사람이라 해요
도장도 없으면서
도장을 찍는다고

도장을 찍어주는 사람
그 도장을 잘못 찍는 날이면
정말 그는 도장 하나 못 찍는 놈이 되고요
귀도장 눈도장 입술도장 코도장
도장이 참말이지 도장을 찍고
도장밥을 묻히고
도장을 구걸해야 하는
도장밥 인생이에요

도장을 빌려주고
도장밥을 먹는 이
도장도 없으면서
도장을 찍는 이

오늘도 얼마나 많은 이들이
남의 도장을 찍는지요
도장만 빌려주고 도장 빌려주는 대가를
챙기는지요
도장과 도장밥으로 세상은
돌아가고 있지요.

아빠의 꿈

유치원 다니는 딸아이가
하루 용돈 오백 원으로는
부족하다고 투덜거렸습니다
아내가 주말 남편에게 말했습니다
시간외 근무를 더 해야 되겠다고

주일 내내
모녀母女의 이야기를 새기고 있었습니다.

십 원짜리에는 다보탑이
오십 원짜리에는 벼이삭이
백 원짜리에는 이순신 장군이
오백 원짜리에는 새 모양이

일년 내내
탑을 이삭으로 이삭을 장군으로
장군을 새로
바꾸는 꿈을 꾸고 있습니다.

숲 속 나라

밀원지蜜源地 찾아
제주에서 강원도까지
아카시아 꽃향기
따라가다 보면
인간이 살아가는 숲 속

황금 춤추다
보금자리 잃어버린 일벌
채밀기에
머리 박은 수펄
슬픔에 겨운 처녀 여왕벌
엉덩이 들어
새 희망을 일구는
숲 속 나라

그 길 따라
산 넘고 물 건너다 보면
아침이면 태양은
빛나고

제2부

TV를 보는 아이에게

입력 저장 출력을 반복하는
고기능 컴퓨터
업그레이드하지 않으면
도태되는

아이의 눈에는 세상이
기억해야 할 거대한 정보의 세상
한 번 기억된 것들은 쉽게 지워버릴 수 없는
어린 뇌세포
동화책보다는
어린이 TV를 보고 있는

조그마한 눈과 귀에 주입되는
저 고주파의 전파들
생각할 수 있는 힘과 조합할 수 있는
상상력과 창조력을
막아서는
1과 0 0과 1 예스와 노우를 반복하는
저 기계음들

비워버린 사고를
채워주기 위하여 동화책을
리모컨 대신에 연필을
클릭 마우스 대신에 책갈피를
넘겨주고 싶지만
TV 앞에서 시간을 보낸
아빠를 닮아

알퐁스 도데의 별 이야기

태양 빛이 지구에
도착하는데 소요되는
8분
그 빛의 속도로
세상이 밝는다
초침이 분침을 분침이 시침을
움직이는 부산한
한 낮 시간
사람들은
빛의 속도에 쫓긴다.

수금지화목토천혜명
태양계가 분주하게 돌아가고
월화수목금토일
일과 휴식이 따라 돌아가고
남과 밤에 따라
남녀의 생리가
돌아가다가
제 궤도를 돌던
큐피트 화살이 꽂힌다.

은하계의 별들
저들도 결혼을 할까?
알퐁스 도데의 〈별 이야기〉
별들도 사랑을 할까
일초에 지구를 일곱 바퀴 반을 돌 수 있는
그 빛의 속도로
어느 누군가의 가슴속에
별 하나 박힌다.

독도獨島 사진전에 부쳐

대한민국을
달러 유러화 엔화로 평가한다면
평가절하될까
평가절상될까
독도獨島는 얼마나 받을 수 있을까?
섬 하나 팔면 우리나라가 망할까
한반도와 도서벽지를 다 팔아 먹은
일제 식민지시대도 잘 살아 왔는데
땅과 바다 다 잡혀먹고
소작농 실향민으로 전락하여
섬 같은 땅 한 뙈기 난파선 부여잡고
그렇게 살았다는데
일본 사람들은
제 속 팔고 제 마음 팔고
제 양심까지 팔아가면서
섬 하나 살려고 할까
경제대국이라면서
원화의 가치보다
열 배나 되는 제 나라 돈 엔화로

잘 먹고 잘 사는데
신라장군 이사부나 알아줄
그런 섬 하나 두고

법원에 공탁하러 가서

오후 세시 반
식당주인은
오늘도 몇 마리의 낙지를
압류해야만
본전을 뽑을 수 있을까 궁리 중이다
양념과 육수로 뒤범벅이 된 낙지
사리 하나 추가가 식탁마다
파도를 일으킨다.

법원 공탁계
보증이 보증을 부도내고
보증수표가 부도수표를 내고
채무자와 보증인을 파국에 몰아
금융의 사슬에 몸이 감겨
산소결핍증으로 머리를 서로 부딪치다가
아가미를 저당 잡힌
해저동물과 같은 생

제 잇속을 챙기는
채권자들과

채무자들의 소리없는 아우성들
제3채무자인 나도
여기 사리 추가
일인 분 더
낙지를 목구멍으로 넘기고 있었다.

공룡도 아닌데 공룡의 길을 가고 있네

온종일 뛰어다니다
어둠이 내리면
산소동화작용 멈춘 인간들이 되네
산소를 먹어치우고
질소를 마구 내뱉은 사람들로
산소 부족을 호소하는 지구촌은
하늘마저 캄캄해지고

이제
해저 같은 하늘엔
점점의 불빛뿐이네
저 수십 광년, 저 수억 년 전부터 반짝이던 은하계 별들도
하나 둘 멀어지고 있지
만유인력에 의하여
끌리고 끌어당기는 천체들의 역동성
녹색별 지구는 잠수병에 걸려
침묵으로 빠져드네

쥐라기 시대 공룡의 무리들
서로 잡아먹고 배 불리기 하다가

멸종했다는 그놈들
그놈보다 많은 인간 군상들로
지구 자원은 캄캄해져 가네
한 쪽에서는 먹어치우고
또 다른 곳에서는
먹을 것 하나 없다고 투덜거리고 있네
발가벗겨지는 지구의 몸은
더워지고 있어
푸른 별이 검붉게 변해가네

화는 내고 성은 풀어야 한다는데

화가 나도 화를 내지 않아야 하는가
화가 나면 화를 참지 못하고 뱉어 내야 하는가
뱉어 낸다면 아무도 없는 곳에서 살짝 뱉어 내야 하는가
모처럼 화가 치밀어 올라
치밀어 오르는 화를 꾹꾹 눌러 조금만 더 참으려고 해도
이놈의 화가 꾸역꾸역 올라올 때
그만 화를 내고 말아

성도 잘 내면 안 내는 것보다는 낫다고
성이 무너지지 않도록 조심하며
깨어지지 않을 만큼만 성을 내며
때로는 그리운 대상으로 때로는 보고픈 미지의 연인으로
가슴속에 가만히 담아두고
성이 날 때 성을 자제하지 못할 때만
아무도 모르는 곳에서
성을 풀어헤치고 성을 가라앉혀

성性,

화도 성도 내야 할 때와 풀어야 할 곳을

가려야 하는데도
불쑥불쑥 올라오는 성화에
자신을 잊어버려

매미의 추억

칠 년 허물 벗고
태어난 매미
국민학교가 초등학교로 변하고
아이엠에프에 구제역에 조류독감에
태풍 매미로 둔갑한 제 얼굴이 하도 어이가 없어
대대로 살아온 고향 느티나무 숲을
떠나다.

도시에 온 매미들
낮에는 가로수에 앉아 오고 가는 차량 속
가방 맨 아이들 무표정한 얼굴 창문 틈으로 바라보며
내 왔다고 소리소리 질러도
눈 하나 까닥하지 않아 지치도록 울어대다가
밤에는 젊은 남녀 쏟아지는
네온사인 황금 춤추는 도시의 숲속에서
따라 운다.

지하에서 보낸 내 세월이 얼마인데
쇠똥구리 장수하늘소 풍뎅이
친구 하나 없는 곳

삼복 더위
좋은 시절 가기도 전에
자동차 바퀴에 치여 저 세상으로 가다.

모기가 물면 가려운 이유

혼자 앉아서 밥을 먹는다
반찬 하나 없는 밥을 퍼먹는다
모기 한 마리
살을 파고든다
피를 빨고 무거워진다
제가 먹은 밥
타액 속 침샘단백질
남긴 채

혼자 먹는 피 같은 밥
고독孤獨에 싸여
그놈이 심신을 파먹듯이
분주한 두 손바닥에
최후를 보였듯이
홀로 먹는 밥

대화의 방 마음의 문 굳게 잠그고
밀폐된 공간에서 모기인 양
은밀하게 배 채운다
허겁지겁 먹어치운

혼자의 밥에 취해
날개마저 사지마저 움직이지 못할지라도

제 죽을 줄도 모르고
욕망을 채우듯
혼자 앉아서 밥을 먹는다
먹다 보면
마음이 가려워진다.

조류독감

닭 오리도 조류라고
날지도 못하는 놈들을

가금과
겨울철새도 분간하지 못하는
인간들

조류독감
바이러스 발생지는
동남아

포크와 나이프로
식사를 하고 침대에서 잠을 청하는
조류들

비위생적인 주거환경과 식생활을
비웃으며
강가에 앉아 변을 본다.

아빠의 눈물

아홉 살 초등학생
딸아이가 그린
아빠의 뒷모습.

주말이면
짜증난 얼굴로
화난 모습으로
멀어지는
아홉 살 딸아이의
가족 그림에
아빠의 얼굴은 어디에도 없더란다

아빠는 네 모습을
밤마다 그린단다
코를 그리고 눈을 그리고
입을 그린단다
고단한
꿈속

주말엔 동화책 한 권
환한 얼굴을

샐러리맨이 횟집에 가는 이유

바다에서 잡혀 온
바닷고기들
횟집 어항에 숨을 죽이고 있다

언제 우리 이렇게 친해 본 적 있었던가?
고기들이 서로의 체온을 느끼며
바다 이야기를 한다

하루 종일 사무실에서 부대끼다
삼삼오오 식사를 하러 와서는
바다를 이야기한다

언제 저 넓은 바다로 달아날 수 있을까
좁은 사무실 공간에서
매달리다

조리사가 썰어 놓은
바닷고기에 술잔을 기울이며
오늘도 돌아가지 못하는
바닷고기들의 삶을 이야기한다

우리들의 술잔에
한 방울 바닷물이 떨어진다
좁은 바다에 갇혀
넓은 바다 이야기를 잊어버린 샐러리맨들
작은 배와 큰 배
잔과 잔에
작은 파도가 출렁인다

꼬마 잠자리를 보며

백 원보다 더 작은
꼬마잠자리
물구나무서서 배를 하늘로 쳐들고
사람들의 마음속에 날아든다

세계에서 가장
작은 꼬마잠자리

고성 공룡엑스포에 갔다
쥐라기 시대
온 지구를 휩쓸고 다니던 그놈
제 몸 부풀리다가
멸종해 버렸다

미니 초 미니가 뜨는 이유
뜰 수 없다면

주말 부부

서로의 생활에
서로가 서로에게 서둘러 등을 돌려세우는
아내는 아내대로
남편은 남편대로

노래방 도우미

가족의 생계를 위해서
노래방 도우미는
속옷까지 벗어던졌다

밥을 위하여
제 몸에 걸친 것들을
벗어던져야 하는

넥타이 매고
양복 걸친 샐러리맨들
제 각각의 신분에 따라
옷도 가지가지

그이의
아내들도
주말이면 세탁소에 가야 한다.

고향 마을

말복 더위에
마을회관 앞 느티나무 아래

술이 아재 판이 아재 철이 아재
돌아가며
농기계 끌고 나와
양파농사 벼농사 과수농사

농사가 수지에
맞지 않는다며

왕매미 참매미
느릅매미

일상이야기
식히고

콩인지 팥인지

쌀이 남아돈다고
논에다가 콩을 심으면
전량 수매에 보조금까지 얹어준다고
권장하는 바람에
팥 잎 콩 잎 눈을 속이고
밭 콩을 논 콩이라 마음까지 팔아도
콩 심은 데 콩 나고
팥 심은데 팥 난다고
밭인지 논인지
콩인지 팥인지
밭 콩을 논 콩으로 만들고
팥을 콩으로 속여도
콩 씨는 비둘기가
콩 잎은 토끼 노루가
콩 알은 콩 노린재가 먹었다고
콩 심은 데 콩 나고
팥 심은 데 팥 나더라고
알맹이도 없는
콩 도리깨질만 했다고

제3부

아빠의 눈물 · 2

시간이 돈이라고 한다면
시간이 없는 자가 가난한 자
시간은 똑같이 나누어 가졌는데
시간이 없다는 것은
여유가 없다는 것

시간이 없다는 것은
시간을 벌어야 한다는 것
시간을 벌기 위해서
도시로 나와
최소한의 시간을 제외하고
모은 동전시간들
주말엔
동전시간을 긁어모아
고향 가는 시간 제외하고 나면
돌아오는 길은
시간 몇 푼
처자식도 없는
월세방에서 주말까지 보내야 하는
시간의 노동자

시간외 수당까지 벌어야만
집에 돌아갈 수 있는
빽빽한 근로자
낯선 도시에서
가난한 시간들이
허리를 조여 세우는

시골 면서기

지리산 한 자락을 품고 사는 함양산천물레방아골
사람보다는 벼들의 모가지에 한없이 비가 내리고

물기 머금은 장미꽃은 어디가고
비만 내리고 비만 하염없이 내리고

재해대책비상근무를
클릭하는 시골 면서기

딸 기

단맛과
신맛

거창아가씨는 단맛이 비치고
함양처녀는 단맛과 신맛이 함께
비친다는 비닐하우스 시설업자의 말에

좋은 기후와 비옥한 토질
약간 어리숙하면서 때 묻지 않은 풍토로
일본 바이어Buyer들의 혀 끝에 침을 돌게 하겠다며 작목
반장이 내 코끝에 내민 청정입술

민원사무처리규칙 · 1

면장님과 상의를 해 보겠다며
민원인을 돌려보내는 면서기

인터넷에 올리겠다며
면장의 이름을 가르쳐 달라던 주민

면장에게 여쭐 것도 없고
인터넷에 떠들 것도 없는

자장 한 그릇과
우동 한 그릇

소싸움

사람이 소를 따라잡나
소가 사람을 따라잡나

제 흥에 겨워
새벽 첫차 월요 출근길 선잠을
깨우던
홀아비 농사꾼의 육성.

뿔과 힘으로 좌중座中을 제압하는
입담

가을걷이 할 것 없는
집도 땅도 없는 생활보호대상자
육남매 키워 낸 보람으로
누구 하나 부럽지 않다

소가 사람을 따라잡나
사람이 소를 따라잡나

유월의 책무

백 원
한 닢

월 이백만 원 샐러리맨으로
햇볕보다 그늘이 많이 지는
사무실 모서리에
너는 오늘 납작 엎드려
이순신 장군의 승전보가 울리는
옥포 당항포 한산도 대첩이 기억들을
되짚고 있니?

쨍그랑
쨍그랑

너는 오늘 지출증빙서를
묶어야 하는구나
호국보훈의 달인 유월의 증빙서를
판옥선도 거북선도 총통제조 기술도 없는
바다의 물결과 흐름도 알지 못하는
2004년 이 땅의 샐러리맨으로

백 원짜리
동전,

수만 개를 벌어야 한 달을 살 수 있는
네 가족의 가장으로

엉덩이 진화론

눈알만 굴리는 놈
잔머리 굴리는 놈
손발과 온몸을 종일 굴리며
고단한 몸품과 다리품과 팔품을 모두 모두 푸는 놈
야생에서는 꼬리가 제일 긴 놈이
우두머리
동물원에 잡혀와서는
재주 잘 부리고 사람 흉내 잘 내는 놈이
단연 으뜸

투표에서 박수 많이 받아
선거에 승리하면
관과 감투를 거머쥔단다
다이어트 몸매 관리 하얀 피부 만들면
흰 엉덩이와 짝짓기 할 수 있단다
열심히 팔 몸통 다리 있는 것 없는 것
다 굴려서 빨간 궁둥이 하얗게 되도록
눈알 튀어나오도록
한 발 꼬리가 다 닳아빠지도록

원숭이과류에 속한다는 인간
잔재주 잔머리 굴리기 경쟁에서
긴 꼬리가 점점 없어져 버렸다고 하지만
날씬하고 탐스런 엉덩이 싸움에서
빨간 엉덩이도 자취를 감추었다고
그 하얀 엉덩이 광고에 줄줄이 줄선 사람들 때문에
순박한 엉덩이는 점점 퇴보되어
요즘 원숭이가 사람을 구경한단다.

무공해

감자 밭 만드는데
감자 포장하는 박스 값에
감자는 없고
감자는 어디가고

어디 감자만 캤을까?
아직 땅 속에 남아 있을
땅의 온기

감자 다음에
고구마

고구마 뒤에
무 배추

동백꽃

긴 겨울 지나고 봄눈 산등성이에
녹을 때

네 꽃봉오리 터지고

당신의 이름으로
내 가슴을 뛰게 하나요

준비된 만남이라고 하면
헤어짐도 준비가 되어야 하겠지요

대지를 온통 붉게 물들이는
네 정열

나도 더러는
떨어져

그리운 이름으로
남을 수 있을까요

달집 태우기

정월대보름
달집을 태운다

쥐불놀이
윷놀이
연날리기는 사라졌지만

그래도 달집은 태워야 제 맛

중늙은이만 모여 사는
고향마을에도
정월대보름
달집을 태운다

할머니!
달은 어디 있어?

떠오르는 첫 달 보고
소원 하나 빌어보렴

어디서 들려오는
환청.

정월대보름
달집을 태운다.

주롱새공원의 새들

싱가폴 센토사섬 주롱새공원 새들
인간의 소리만 듣고 살아 자연의 소리를
듣지 못해 인간의 흉내만 낸다는 새들
자연의 먹이 대신
조련사가 주는 먹이로 훈련되었어

사람들도
자연의 소리를 등지고 살아
화이트 칼라가 대우받는 그 사회에서는
인공이 가미된 음식을 먹고
자연을 멀리하게 되지

1인당 국민소득 27,500불
아파트와 마천루에서 자고 일하며
금융과 물류업으로 새 집 짓고 사는 사람들
말레시아의 작은 주였던
싱가폴,
법과 제도 질서로
본토보다 더 힘센 나라가 되어버린 지금

주롱새공원
새들의 쇼를 구경하며 즐거워하는 사람들
자연의 소리를 일체 거부한 채
날개는 날기 위해서가 아니라
혀는 노래 부르기 위해서가 아니라

자연으로 돌아가기를 거부한
몸짓
박수와 갈채 속
귀 기울여 보는
주롱새공원의 새들

변 신

전생에 한 마리의 벌레인지도 몰라

카프카의 변신變身
주인공,
그레고리 잠자

외판원은 아니었지만
더 나은 생활을 꿈꾸는
일요일 밤이면
그레고리 잠자가 되었지

전생에 한 마리의 애벌레인지도 몰라

한 마리의 벌레
자기 몸을 부풀려
딱딱한 껍질로 자신을 감싸고
변신과 변신을 거듭하며
번데기를 거쳐
나비를 꿈꾸는

그해 여름
어느 날 아침
눈을 떠 보니
딱딱한 껍질은 없어지고
그곳엔
날개가 달려 있었지
그레고리 잠자가 그랬듯이……

어린왕자

한때 하늘을 꿈꾸는
비행기 조종사였는지 몰라
그리고 이제
어린왕자가 필요하지
사막에서도
길을 물을 수 있는 친구가

곰두리 전동차에 앉으면
작은 별과 작은 별
을 여행하면서도
한 송이의 장미를
걱정해야 하는
어린왕자

고장난 엔진이 아니었더라면
어린왕자가
되지 못했을 걸
아무도 찾지 않는
지구촌의 미아
3평 셋방에서도
우주를 꿈꾸는

호박이 넝쿨손을 치는 토담에 서면

허물어진 토담
빈뜰,

한낮
더위 마시고
소나기 두어 줄기 친구 삼아

탐스런 꿈 일구는
잎새

뻗친
손짓. 발짓

'얼마 만이요
네 모습 잊고 지낸 지'

그리운
얼굴들

시골 차표원

'차는 빠지고
방학이라 차는 빠지고'

손님 없는
빈 차

매표소 이씨
손님 하나 기다리나

수많은
시간과 시간표들

방학이 끝나기만을
기다리나

님

님
은

어
디
서

부
터

오
는
가
요

님은 사랑하는 사람만이 아니다
우리가 기다리는 모든 것들이 다
님이라고 할 수가 있다
가곡 보리밭에 나오는
뒤 부르는 소리 있어 발을 멈춘다와 같이

제4부

다 리

원시시대에는
튼튼한 두 다리가 살아남기 위한 최적의 다리였다면

21세기 정보화시대
가냘픈 다리가 뜬다

아프리카 초원엔
다리가 빠른 놈들이
적자생존에 유리하듯

스피드시대에 살아남기 위한
늘씬한 다리들

그녀들의 쭉 뻗은 다리 사이로
아프리카 초원의 냄새가 나는 것은

초록을 동경하는
본능이 숨겨져 있기 때문이다.

수 매

나락가마니 배를 툭툭 찌르며
검사원이 뱉는 말 한마디

이등이요

농협 이부장이 사정없이 내리치는
자판에 얼굴을 감싸 쥔 김씨

이등은 이등 가격을 받아야 한다는
농검의 말 한마디

일파만파로 번지는
농심

겨울 산 · 2

산에 갔었네
겨울 산에 갔었네

바지 내리고
오줌 싸고 똥 쌌네

아랫배가 쏙 들어갔네
눈 내린 겨울 산이 무서워

돌아왔네
갔던 길 되돌아서서

오늘 지낸 일이 후회되어
걷고 또 걸었네

오월은

이제 힘껏 젖을 빨아대는
새 새끼들도

털 나고
물 오르는

소년도
단발머리 소녀도 살지 않는

오월은
늙은 할망구

계절은
둥지를 틀고

비상飛上

고래등에 앉아

고래가 육지에 상륙했나
새우등은 맨날 맨날 터지고
내 얼굴도 손바닥 발바닥도 갈라터진다
고래는 구름바다가 그리운지
심해를 돌아다니다가
힘겹게 물기둥을 뿜는다

고래 잡으러 산에 갔다
산을 넘고 넘어
흰 눈 쌓인 눈 꽃 사이를 지나서
마음속에 들어있는
고래 한 마리 보러갔다
고래 한 마리 잡으면
잔치할 수 있을까?
큰 산 고래등
포말泡沫 날리는
하늘 바다

능선과 능선이 파도를 치는
고래싸움에 새우등 터진다고

마음속 고래 탓하며
손과 발이 다 터지도록
눈 꽃 산호초
산등성이와 등성이를 넘고 넘다
새우눈이 툭 터졌다

머릿속이 환하게 밝아온다
갈라진 발바닥 손바닥을 잊어버린
새우
두 눈에 들어오는
고래등

토요일 오후는

자장면 한 그릇 먹고 싶은
오후

우리를 찾아오는 것은
중국집 배달부의

철가방

번쩍이는
가방 속

그가
꺼내 놓은

김나는 오후

꽃 게

꽃게가 죽게 생겼어
죽는 것은 그뿐이 아니라
그를 키워서 육지로 보낸
바다라는 놈이 따라 죽게 생겼어

녀석이 우는 모습이 보고 싶어
흰 이를 드러낸 파도

나무의 영혼을 새기고 싶다

나무들은
지상을 꿈꾼다
자손을 낳아 대를 이어가듯
1가지 2가지 3가지
제 영역을 허공 중에 넓힌다

인간들은
책冊에다가
제 이야기들을 주렁주렁 담았다
인류의 생각을 담는 그릇
넘쳐나던 지상의 꿈들
지나간 발자취들
과거에서 미래로의
현대문에서 고전으로의 꿈

가로수가 차도에 제 자리를 내주듯
활자도 영상과 광통신 매체에 접혀
속도 경쟁력에 제 꿈을 펴지 못하고
넘어가고 있다
인간들은 콘크리트로

지상에 새집을 짓는다
플라스틱으로 조각을 하고
철근으로 인공나무로 제 의사를 채우고
고층 아파트촌을 만들어
나무의 꿈들을 접었다
나무가 없는 도시 숲 속
새 한 마리 없다.

부평식당에는

초전동 농산물도매시장에는
새벽부터 농산물을 실어나르는
사람들로 붐벼
아침을 해결해야 하는 농민들은
부평식당에 앉아
따끈한 해장국과 국밥으로
하루를 열고

한 쪽에는 연방 쌀 개방이다
중국산 양념 고추 마늘 파동이다
마음은 골병이 들었지만
집은 멀고 아침은 먹어야 한다고

미국 캘리포니아산 쇠고기와
칼로스 쌀로 지은 밥
중국산 마늘 고추로
양념을 한
해장국 한 그릇 비우면서
우리 것으로는 수지가 맞지 않는다고

푸성귀 하나
나누어 먹을 데 없는
새벽시장 부평식당은
오늘도 만원
추위는 발목까지 와서
등허리를 지나 폐부로
다가서는데

귀곡리를 찾아온 참새 떼

우렁이 농법 오리 농법 쌀겨 농법
친환경 무농약으로 재배한 쌀로 지은
밥과
취나물 개발딱주
산나물로 차려
귀곡리 마을에
오늘은 젊은 피가 돌아

양철지붕 흙벽으로 만든
방앗간
참새 한 마리 없는데
방아 찧는 소리
들려오고

WTO 쌀 개방으로
고품질 친환경 무농약 재배지를 보러 온
도시의
젊은 처자들

시아비 시어미뻘 노인들이

숟가락도 들기 전에
밥상을 차지하고 앉아
조잘거리며
온 들과 산을 헤집고 돌아다니며
여기서 저기서
먹고 마시는데

대들보 서까래 지붕 흙담이
방구들이 온 동네가 내려앉는 것도 모르고
할아비 할미들은 허수아비 웃음을 짓고 앉아

하회탈

하회마을 하회탈
천 년의 얼굴

불영사 텃밭 고추들
태풍에도
병충해에도
잎사귀 하나 떨어지지 않고

속세를 떠나니 마음이 평온하고
마음이 평온하니 얼굴이 환하게 피어

부모 형제 가족 다 버리고
세상살이 애증도 번뇌도
탈속한 듯

불영사 비구니의
얼굴

그리움

추운 날이면
오뎅국물이 그립듯이

젊은 어머니
장독대 그립듯이

비사표 성냥과
곤로불 위에
몰래 끓여먹던 삼양라면 맛이 그리워

진달래
따 먹고
물수제비 뜨던 강가
겨울이면
흰 썰매 팽이 치던 소년

수박이 냉장고에서 익어간다

수박이 냉장고에서 익어간다?
차가운 바람에 벌겋게 익어간다??

오뉴월 땡볕에 네 머리통이
자꾸만 커져가고
철이 순이 동이 영이 고만고만하던 네 머리들이
과수원 밭가에서
해를 벗 삼아 키워갔었지
이제 그들이 몰려들어
도시는 만원
냉장고 하나씩 가지고 모자라
에어컨과 선풍기로
더운 수박을 익히고 있어
속속들이 익어 나오는
에어가스 속에
제 모습을 잊어버린 동심들
줄무늬 없어지고
씨 없애고
오뉴월 땡볕 대신에
대형마트점 과일 코너에서

손님들을 기다리누나

서늘한 손들이 서늘한 지갑을 열어
서늘하게 먹어 치울
한 번 쪼개면 붙일 수도 없는 네 머리통
서늘한 사람 놈들의 시선에
싸늘하게 익어간다
차가운 열기
냉장고 안에서

아 내

지리산 가내소 폭포는
오직 나만을 위해 존재한다

오월의 초록에 빛나는
물과 물이 참 아름답다

어린아이 업고 나의 뒷모습을
하염없이 바라보는 아내

서포 해안은 날씨가 따뜻했다
날씨가 따뜻하여 가슴이 포근했다

어린 딸이 잠들었다
포근한 가슴

깊고도 넓은
산과
바다

양파 이야기

한 고개 너머 호랑이
두 고개 너머 호랑이
호랑이는 어머니를 잡아먹고

이제
아버지는 양파 이야기를 하시고

한 겹은 겨울바람이 먹고
한 겹은 일꾼이 먹고
한 겹은 장맛비가 먹어치운

알알이 붉은 양파들이
호랑이 눈알이 되어
등허리 가슴을 훑고 지나는

양파호랑이

창

나는 당신을 알 것 같습니다
모든 것을 다 알고 있는 그대는
이것 저것 아무것도 모르는 사람처럼
그렇게 무심한 마음을 가졌다는 것을

하나의 마음을 닫지 않으면 다음의
문을 결코 열 수 없는 나는
그대의 창을 사랑합니다.

당신은 바람과 햇살

어느 사이엔가
창문을 열고 들어와
내 마음을 클릭하고 있습니다.

경남시인선 126

등 굽은 소나무

펴낸날 | 2009년 9월 5일

지은이 | 박 주 영
펴낸이 | 오 하 룡
펴낸곳 | 도서출판 경남

주소 | 631-430 마산시 서성동 66-18
연락처 | (055)245-8818~8819/223-4343(팩스)
홈페이지 | http://www.gnbook.com
이메일 | gnbook@empal.com
등록 | 제2호(1985. 5. 6.)
편집팀 | 오태민 | 심경애 | 구도희

ISBN 978-89-7675-567-4-04810